# Wärmendes zur Winterzeit

Silke Martin

# Wärmendes zur Winterzeit

## Mit Genuss der Kälte trotzen

Hölker Verlag

# Inhaltsverzeichnis

# Vorwort

Eine dampfende Suppe, eine knusprige Gans aus dem Ofen oder ein heißer Punsch wärmen uns an kalten Tagen besonders gut und bescheren Leib und Seele gleichermaßen ein behagliches Wohlgefühl.

Es gibt eine ganze Reihe von Zutaten, die ein Gericht nicht nur schmackhafter machen, sondern auch eine wärmende Wirkung zeigen. Dazu zählen Gewürze wie Ingwer, Zimt, Nelken und Muskat, Kardamom, Chili und Curry oder Kräuter wie Rosmarin, Beifuß und Koriander. Aber auch dunkles Fleisch wie Wild, Lamm und Rind, grünes Gemüse sowie Nüsse gehören dazu.

So, wie wir bei kühlen Temperaturen wie selbstverständlich Handschuhe und Schal anlegen, kochen wir traditionell seit jeher im Einklang mit den Jahreszeiten und verwenden – meist ohne es zu wissen – im Winter vermehrt Zutaten, die den Körper von innen wärmen. Ein Bratapfel wird beispielsweise durch eine leckere Füllung aus Trockenfrüchten, Nüssen und der Beigabe von Zimt zu einem wärmenden Gericht. Die Kürbissuppe würzen wir mit einem Hauch von Curry und Muskat, wodurch sie unserem Körper noch besser einheizt. Und nach einem langen Winterspaziergang verspüren wir doch alle Lust auf eine heiße Schokolade, die seit jeher innere Wärme spendet.

Besonders in der Traditionellen Chinesischen Medizin (TCM) ist man sich der Wirkung von Lebensmitteln bewusst. Die TCM teilt alle Nahrungsmittel in fünf Kategorien ein – kühlend, erfrischend und neutral, wärmend und erhitzend – und hält dazu an, mithilfe der entsprechenden Zutaten den inneren Wärmehaushalt zu regulieren und dadurch das Wohlbefinden zu steigern oder wieder in Einklang zu bringen. Denn neben einer wärmenden oder kühlenden Reaktion entfalten viele Zutaten auch einen heilenden Effekt.

So wirkt Ingwer keimtötend und eignet sich daher als natürliches Schmerzmittel, Zimt fördert die Durchblutung und mildert Krämpfe, Nelken wirken entzündungshemmend und sind beispielsweise ein probates Mittel bei Zahnschmerzen.
Wenn im Winter die Tage kürzer werden und die Temperaturen sinken, kann ein gehaltvolles Curry oder ein heißer Glühwein wahre Wunder bewirken. Fühlen Sie sich eingeladen, sich mit den Wintergerichten auf den folgenden Seiten zu verwöhnen, mit vielen verschiedenen Gewürzen und Kräutern zu experimentieren und dem tristen Wintertreiben zu trotzen. Genießen Sie schon bei der Zubereitung die Vorfreude auf das behagliche Gefühl, das diese Wohlfühlspeisen in Ihnen auslösen. Freuen Sie sich auf eine kleine Auszeit vom Alltag, die Ihnen neue Energie verleiht, Ihre Abwehrkräfte für die kühlen Temperaturen draußen stärkt und Sie genussvoll durch die kalte Jahreszeit begleitet.

Guten Appetit!

Alle Rezepte sind für 4 Personen berechnet.

# Vorspeisen

Eine Vorspeise soll den Appetit anregen und den ersten Hunger stillen. Gerade im Winter wecken heiße Suppen und kleine, pikante Snacks mit wärmenden Zutaten müde Geister und machen Lust auf mehr.

# Fruchtige Kürbiscremesuppe

1 Butternutkürbis (ca. 500–600 g) ⁘ 200 g Schalotten
1 Stück Ingwer, ca. 3 cm groß ⁘ 2 säuerliche Äpfel (z. B. Boskop)
2 EL Butter ⁘ 1 EL brauner Zucker ⁘ 1 TL Zimt
3 EL Aprikosen- oder weißer Balsamicoessig ⁘ 1 l Gemüsebrühe
Salz ⁘ weißer Pfeffer ⁘ frisch geriebene Muskatnuss
150 ml Kokosmilch ⁘ 4 EL geschlagene Sahne
Minzblättchen zum Garnieren

Kürbis grob zerteilen, schälen und mit einem Löffel die Kerne entfernen. Dann würfeln. Schalotten schälen und in kleine Stücke schneiden. Ingwer schälen und fein reiben. 1 Apfel schälen, entkernen und ebenfalls in kleine Würfel schneiden. Butter in einem großen Topf mit schwerem Boden zerlassen, den Zucker zufügen und leicht karamellisieren lassen. Zuerst die Schalotten darin andünsten, dann die Kürbiswürfel zugeben und leicht Farbe nehmen lassen. Den Ingwer und die Apfelstücke hinzufügen, kurz mitrösten. Zimt und Essig zugeben. Schließlich die Hälfte der Brühe angießen und so lange auf kleiner Flamme köcheln lassen, bis der Kürbis weich ist. Mit Salz, Pfeffer und Muskat abschmecken.

Nun alles pürieren. Die restliche Brühe sowie Kokosmilch angießen und mitkochen lassen, bis die Suppe die gewünschte Konsistenz hat. Den übrig gebliebenen Apfel gut waschen, entkernen und fein raspeln. Die Suppe auf 4 Teller verteilen, je einen Klecks Sahne daraufgeben und mit einigen Apfelraspeln und Minzblättchen garnieren.

# Käsesoufflés mit Muskat

60 g Butter + etwas Butter für die Förmchen ∴ 40 g Mehl
300 ml Milch ∴ Salz ∴ frisch gemahlener Pfeffer
frisch geriebene Muskatnuss ∴ 4 Eier, getrennt
125 g geriebener Greyerzer + etwas zum Ausstreuen

In einem Topf die Butter langsam zerlassen, sie sollte nicht braun werden. Dann das Mehl hinzufügen und für etwa 1–2 Minuten durchrühren. Die Milch in mehreren Portionen zugeben, gut verrühren und das Ganze einmal aufkochen lassen. Eventuell mit dem Pürierstab feiner aufmixen oder durch ein Sieb streichen, wenn noch Klümpchen zu sehen sind. Auf kleinerer Flamme so lange köcheln lassen, bis die Masse schön dickflüssig ist, dabei beständig umrühren. Kräftig mit Salz, Pfeffer und Muskat würzen und vom Herd nehmen.

Etwas abkühlen lassen, dann die Eigelbe und schließlich den geriebenen Käse hinzufügen. Die Eiweiße mit einer Prise Salz sehr steif schlagen und vorsichtig unterheben. 4 Souffléeförmchen (oder Tassen) buttern und mit Käse ausstreuen. Die Masse gleichmäßig darauf verteilen und etwas frischen Pfeffer darübermahlen. Ein tiefes Blech mit Wasser füllen, die Förmchen vorsichtig hineinsetzen und auf der 2. Schiene von unten im vorgeheizten Ofen bei 200 °C (Umluft 175 °C) für 20 Minuten backen – währenddessen nicht die Ofentür öffnen! Die Soufflées sollten danach schön aufgegangen sein und oben leicht aufreißen. Sofort servieren, bevor sie zusammenfallen.

# Hähnchen-Satéspieße mit Erdnuss-Dip

500 g Bio-Hähnchenbrustfilet ∴ 1 Stück Ingwer, ca. 2 cm groß
1 Stängel Zitronengras ∴ 2 Schalotten ∴ 2 Knoblauchzehen ∴ 2 TL Koriandersamen
½ TL Kreuzkümmel ∴ 1 TL schwarze Pfefferkörner ∴ ½ TL Chiliflocken
1 TL grobes Meersalz ∴ 5 EL Sojasauce ∴ 200 g Erdnussbutter
1 TL rote Currypaste ∴ 100 ml Kokosmilch ∴ 2 TL Zitronensaft
2 EL Kecap manis (süße Sojasauce) ∴ 1 EL brauner Zucker
150 g gehackte ungesalzene Erdnüsse ∴ 1 EL Sesam

Das Fleisch kalt abwaschen, trocken tupfen und in lange, dünne Streifen schneiden. Ingwer schälen und fein reiben. Zitronengras putzen und mit einem breiten Messer flach drücken. Schalotten und Knoblauch schälen und fein hacken. Koriandersamen in einer Pfanne ohne Fett anrösten, dann mit Kreuzkümmel, Pfeffer, Chili und Salz im Mörser grob mahlen. Mit der Sojasauce, Ingwer, Zitronengras, Schalotten und Knoblauch vermischen und die Hähnchenstreifen darin für mehrere Stunden im Kühlschrank marinieren.

Die Erdnussbutter langsam erwärmen, Currypaste einrühren und Kokosmilch angießen. Für einige Minuten köcheln lassen, bis sich alle Zutaten gut miteinander verbunden haben. Mit Zitronensaft, Kecap Manis und Zucker abschmecken. Die Hälfte der gehackten Erdnüsse unterrühren, den Dip in ein Schälchen füllen und den Sesam darüberstreuen.

Fleisch aus der Marinade nehmen, die Stückchen abstreifen und wellenförmig auf Holzstäbchen stecken. Wenn man die Hölzchen zuvor für einige Minuten in kaltes Wasser legt, werden sie beim Braten nicht schwarz. Die Satéspieße in heißem Erdnußöl für 3–4 Minuten rundum knusprig braten. Die restlichen Erdnüsse darüberstreuen und mit dem Erdnuss-Dip servieren.

# Lauchsuppe mit Kräuter-Nuss-Topping

3 Stangen Lauch ∴ 2 mehligkochende Kartoffeln ∴ 3 EL Butter
1 l Gemüsebrühe ∴ 100 ml Sahne ∴ 100 g saure Sahne
Salz ∴ weißer Pfeffer ∴ frisch geriebene Muskatnuss
2 TL Zitronensaft ∴ 50 g Walnüsse ∴ 50 g geschälte Mandeln
100 g Pinienkerne ∴ 4 Stängel glatte Petersilie
4 Stängel Koriandergrün ∴ 4 Stängel Thymian
1 Knoblauchzehe ∴ 2 EL Olivenöl

Lauch putzen und in dünne Streifen schneiden. Ein wenig davon für die Garnierung beiseitelegen. Die Kartoffeln schälen und würfeln, gemeinsam mit dem Lauch in der Butter für 4–5 Minuten andünsten, Gemüsebrühe und süße Sahne angießen und bei mittlerer Hitze für 20 Minuten köcheln lassen. Lauch und Kartoffeln sollten dann sehr weich gedünstet sein.
Nun das Ganze mit dem Pürierstab aufmixen (ggf. noch etwas Wasser und Sahne angießen), die saure Sahne zufügen und mit Salz, Pfeffer, Muskat und etwas Zitronensaft abschmecken.

Walnüsse und Mandeln grob hacken. Zusammen mit den Pinienkernen kurz in einer beschichteten Pfanne ohne Fett rösten. Die Kräuter abbrausen, trocken tupfen, von den Stängeln streifen und grob hacken. Knoblauchzehe schälen und pressen. Olivenöl mit den Kräutern, dem Knoblauch und den Nüssen vermischen, mit Salz und Pfeffer würzen.

Die restlichen Lauchstreifen kurz in heißem Salzwasser blanchieren.
Die Suppe auf die Teller verteilen, mit Lauch garnieren und den Nuss-Kräuter-Mix dazu reichen.

# Quiche mit roten Zwiebeln

200 g Mehl + etwas Mehl für die Arbeitsfläche ⁘ Salz ⁘ 120 g Butter + etwas Butter für die Form ⁘ getrocknete Hülsenfrüchte zum Blindbacken ⁘ 4 Eier 5 rote Zwiebeln ⁘ 2 EL Walnussöl ⁘ Pfeffer ⁘ 1 TL brauner Zucker 3 Stängel Thymian ⁘ 150 ml Sahne ⁘ 100 g Schmand frisch geriebene Muskatnuss ⁘ ¼ TL gemahlene Muskatblüte

Mehl mit etwas Salz vermischen, 100 g Butter würfeln. Mit 1 Ei und 3 Esslöffeln kaltem Wasser zuerst mit den Knethaken des Handrührgerätes, dann mit den Händen rasch zu einem glatten Teig verkneten. Zugedeckt ca. 30 Minuten kalt stellen.

4 Zwiebeln schälen und in dünne Spalten schneiden. Öl in einer Pfanne erhitzen. Zwiebelspalten darin für 2–3 Minuten glasig anbraten, mit Salz, Pfeffer und Zucker würzen. Thymian abbrausen, trocken tupfen und die Blättchen grob hacken.

Die restlichen 3 Eier mit süßer Sahne und Schmand verquirlen und mit Salz, Pfeffer, Muskat und Muskatblüte abschmecken. Thymian in die Eier-Sahne geben. Eine Tarteform (Ø 26 cm) oder alternativ vier Tarteförmchen (Ø 12 cm) mit Butter einfetten. Teig auf einer bemehlten Arbeitsfläche rund ausrollen (Ø 28 bzw. 14 cm) und die Tarteform(en) damit auslegen. Überstehenden Rand abschneiden, den Boden mit Backpapier belegen und die getrockneten Hülsenfrüchte daraufgeben. Im vorgeheizten Backofen bei 200 °C (Umluft: 175 °C) für 15 Minuten blindbacken. Dann die Zwiebeln auf den Tarteboden geben und mit der Eier-Sahne übergießen. Nochmals für 20 Minuten backen. Die übrig gebliebene Zwiebel in feine Streifen schneiden, in der restlichen Butter weich dünsten. Kurz vor Ende des Backvorgangs auf den Quiches verteilen.

# Scharfe Rote-Bete-Suppe

2 kleine rote Zwiebeln ∻ 700 g Rote Bete
20 g Butter ∻ 1 l Gemüsebrühe ∻ 1 Zitrone
1 TL frisch geriebener Meerrettich
Salz ∻ Pfeffer ∻ Cayennepfeffer
100 ml Sahne + 4 EL Sahne zum Garnieren
100 g Kürbiskerne ∻ ½ EL Öl
Meersalz ∻ 1 El fein gehacktes Basilikum

Zwiebeln fein würfeln. Rote Bete schälen und ebenfalls würfeln. In einem Topf die Butter zerlassen, Zwiebeln und Rote Bete darin für einige Minuten anbraten. Nun die Gemüsebrühe zufügen. Für 30 Minuten köcheln lassen. Zitrone auspressen. Die Suppe mit Meerrettich, Salz, Pfeffer und Cayennepfeffer würzen, etwas Zitronensaft und Sahne zugeben und einige Minuten weiter köcheln lassen. Dann mit dem Mixstab pürieren oder durch ein Sieb streichen.

Die Kürbiskerne mit wenig Öl in einer Pfanne für 1–2 Minuten rösten. Zum Schluss etwas Meersalz darüberstreuen. Kürbiskerne über die heiße Suppe geben und diese mit je einem Klecks Sahne sowie etwas gehacktem Basilikum bestreut servieren.

# Hauptgerichte

Curry, Zimt und Koriander, Chili und Ingwer sind hervorragende Zutaten, um ein Wintergericht abzurunden. An kalten Tagen wärmen sie den Körper wunderbar von innen und schenken uns ein rundum behagliches Gefühl.

# Knusprige Ente mit Mostarda di Cremona

1 Ente (ca. 2,5 kg), küchenfertig ∴ 1 Zwiebel ∴ 2 Äpfel ∴ 5 Backpflaumen
3 EL Butterschmalz ∴ Salz ∴ frisch gemahlener Pfeffer ∴ 1 TL getrockneter Majoran
220 g Mostarda di Cremona aus dem Glas (eingelegte süßsaure Senffrüchte)

Die Ente sehr gründlich von innen und außen mit Wasser abspülen und anschließend trocken tupfen. Den Backofen auf 180 °C vorheizen.
Die Zwiebel sowie die Äpfel schälen und grob würfeln. Die Backpflaumen ebenfalls würfeln. 2 Esslöffel Butterschmalz in einer Pfanne zerlassen, die Zwiebel-, Pflaumen- und Apfelwürfel darin für einige Minuten andünsten, mit Salz, Pfeffer und Majoran würzen.

Nun die Ente innen und außen mit Salz und Pfeffer einreiben, mit der Apfel-Pflaumen-Zwiebel-Mischung füllen und mit Küchengarn zunähen.
Die Haut der Ente vorsichtig mit einer Messerspitze mehrfach einstechen, damit das Fett während des Bratens austreten kann. Dabei nicht in das Fleisch stechen!

Das restliche Butterschmalz in einem Bräter erhitzen, die Ente mit der Brust nach unten hineingeben, 2–3 Tassen heißes Wasser darübergießen, in den vorgeheizten Ofen schieben und für 2–2,5 Stunden braten.
Nach 1,5 Stunden wenden und die Haut ab und an mit Salzwasser bestreichen oder mit dem inzwischen ausgetretenen Bratfett begießen.
Zur Garprobe die Ente an der dicksten Stelle des Oberschenkels einstechen: Tritt klarer Fleischsaft aus, ist sie fertig. Ca. 15 Minuten vor Ende der Garzeit die Ente aus dem Bräter nehmen, auf den Grillrost legen, mit etwas Flüssigkeit der Senffrüchte einpinseln und die Haut noch einmal knusprig karamellisieren lassen. Mit Mostarda di Cremona servieren.

# Paneer-Curry mit Erbsen

2 l frische Vollmilch ∴ 6–8 EL Zitronensaft + etwas Saft zum Abschmecken
2 EL Ghee (geklärte Butter) ∴ 2 Zwiebeln ∴ 2 Knoblauchzehen
1 Stück Ingwer, ca. 2 cm groß ∴ 300 g Erbsen (TK) ∴ 1–2 Chilischoten
2 EL Sesamöl ∴ Salz ∴ 1 TL gemahlener Koriander ∴ 1 TL Kurkuma
1 EL Tomatenmark ∴ 1 TL Garam masala

Für den Paneer (indischer Frischkäse) die Milch langsam zum Kochen bringen und mit dem Schneebesen stetig umrühren, damit sie nicht anbrennt.
6 Esslöffel Zitronensaft einrühren, bis die Milch gerinnt und ausflockt, ggf. noch etwas mehr Saft zufügen. Ein Sieb mit einem Leinentuch auslegen und die Milch hineingießen. Für ½ Minute unter fließendem kaltem Wasser spülen. Die Tuchenden zusammendrehen und das Tuch gut auswringen. Die Enden mit einem Faden fest zusammenschnüren. Das Päckchen zwischen zwei Holzbretter legen und mit einem Gewicht beschweren. Nun für einige Stunden ruhen lassen – je länger der Käse gepresst wird, umso fester ist das Ergebnis. Den Käse in Würfel schneiden und in 2 Esslöffeln Ghee anbraten. Dann beiseitestellen. Zwiebeln, Knoblauch und Ingwer schälen. Erbsen in heißem Wasser auftauen lassen. 1 Zwiebel und Knoblauch grob hacken. Ingwer fein reiben. Chili von Samen und Scheidewänden befreien und ebenfalls hacken. Dann alles in einer Küchenmaschine zu einer Paste mixen.
Öl erhitzen, Paste darin kurz anbraten. Mit Salz, Koriander und Kurkuma würzen. Die übrige Zwiebel in feine Streifen schneiden. Erbsen und Zwiebel in die Pfanne geben, Tomatenmark zufügen und kurz anbraten. Nun etwas Wasser zufügen und die Erbsen weich kochen. Kurz bevor sie gar sind, den Paneer unterheben, mit Zitronensaft und Garam Masala abschmecken und einige Minuten ziehen lassen.

# Marinierte Wildschwein-Koteletts mit Dörrpflaumen in Armagnac

12–16 Dörrpflaumen ∴ 8 EL Armagnac ∴ 1 Prise Zimt
8 Wildschweinkoteletts ∴ Salz ∴ frisch gemahlener Pfeffer
4 Stängel Rosmarin ∴ 1 Stück Ingwer, ca. 2 cm groß
2 Knoblauchzehen ∴ 100 ml Olivenöl
Saft von ½ Zitrone ∴ 2 EL Butter

Dörrpflaumen in 4 Esslöffel Armagnac einlegen, den Zimt zugeben und für mindestens 24 Stunden ziehen lassen. Wildschweinkoteletts mit kaltem Wasser abbrausen und trocken tupfen. Von beiden Seiten mit Salz und Pfeffer würzen. Rosmarin waschen, trocken tupfen und Nadeln von den Zweigen zupfen. Ingwer und Knoblauch schälen und fein hacken. Öl mit dem restlichen Armagnac und dem Zitronensaft gründlich verrühren, in eine Auflaufform geben und mit Rosmarin, Ingwer und Knoblauch vermischen. Die Koteletts darin für mehrere Stunden, am besten über Nacht, im Kühlschrank marinieren.

Ofen auf 80 °C vorheizen. Koteletts aus der Marinade nehmen, trocken tupfen und in der Butter von beiden Seiten für einige Minuten anbraten, bis sie leicht Farbe nehmen. Koteletts zurück in die Auflaufform geben, Dörrpflaumen mit dem Armagnac-Sud hinzugeben und für weitere 20–25 Minuten sanft im Ofen garen.

Tipp: Wenn Sie keine Wildschwein-Koteletts bekommen, eignen sich für dieses Gericht auch Lammkoteletts hervorragend! Je nach Größe die Garzeit etwas reduzieren.

# Gebackene Kartoffeln mit Chili-Crème-fraîche

1,2 kg festkochende Kartoffeln ∻ 6 EL Olivenöl ∻ Meersalz
frisch gemahlener Pfeffer ∻ ½ Bund Frühlingszwiebeln
300 g Crème fraîche ∻ 200 g Frischkäse ∻ 100 ml Milch
Saft von ½ Zitrone ∻ ¼ TL Ingwerpulver
¼ TL Zitronengras, gemahlen ∻ Cayennepfeffer

Backofen auf 200 °C vorheizen. Die Kartoffeln sehr gründlich waschen, dann längs in gleich große Spalten schneiden. Ein Backblech mit Backpapier auslegen, mit 1 Esslöffel Olivenöl bestreichen. Die Kartoffelspalten mit der Schalenseite nach unten auf das Blech legen und mit etwas Olivenöl beträufeln. Nun das Blech in den Ofen schieben und auf der 2. Schiene von unten ca. 45 Minuten backen (die Kartoffeln müssen weich sein). 5–10 Minuten vor Ende der Garzeit das restliche Olivenöl darüberträufeln, mit Meersalz und Pfeffer würzen.

Die Frühlingszwiebeln waschen, abtropfen lassen und in feine Ringe schneiden. Crème fraîche mit Frischkäse vermischen und so viel Milch zufügen, dass eine geschmeidige, streichfähige Creme entsteht. Die Frühlingszwiebeln unterrühren, mit Zitronensaft und den Gewürzen abschmecken. In kleine Schälchen füllen und etwas Cayennepfeffer über die Creme stäuben. Dann zu den Kartoffelspalten servieren.

Tipp: Das Gericht passt prima als Beilage zu kurzgebratenen Fleischgerichten wie Steaks, Koteletts oder Gegrilltem, eignet sich aber auch als vegetarisches Gericht oder als würziger Snack zu Wein, Bier und Cocktails.

# Israelischer Couscous mit Huhn

6 EL Olivenöl ∴ 200 g Ptitim (Israelischer Couscous) ∴ 300 ml Hühnerbrühe
1 Lorbeerblatt ∴ 1 Zimtstange ∴ 4 Hähnchenbrustfilets ∴ 1 rote Paprika ∴ Salz
frisch gemahlener Pfeffer ∴ ½ TL Chiliflocken ∴ 1 Dose Kichererbsen (á 400 g)
300 g passierte Tomaten ∴ 1 TL brauner Zucker ∴ 1 Zitrone ∴ 50 g Rucola

2 Esslöffel Olivenöl in einem Topf erhitzen, den Couscous einrühren und für 1–2 Minuten braten, bis der Couscous leicht Farbe genommen hat. Dann mit der Brühe und 100 Milliliter heißem Wasser auffüllen, Lorbeerblatt und Zimtstange zugeben, die Hitze reduzieren und den Couscous für 10–15 Minuten quellen lassen, bis er die Flüssigkeit aufgenommen hat. Eventuell noch Wasser oder Brühe zugießen. Am Ende der Kochzeit sollte er weich, aber noch bissfest sein. Abkühlen lassen, Lorbeerblatt sowie Zimtstange entfernen und beiseitestellen.

Das Hähnchenfleisch kalt abwaschen, trocken tupfen, von Haut, Fett und Sehnen befreien und in mundgerechte Würfel schneiden. Paprika waschen, von Samen und Scheidewänden befreien und würfeln. Das Hähnchenfleisch im restlichen Olivenöl anbraten, mit Salz, Pfeffer und Chili würzen. Die Kichererbsen abtropfen lassen, mit Paprika, Tomaten und dem Zucker zum Fleisch geben und für wenige Minuten auf kleiner Flamme köcheln lassen, damit sich die Flüssigkeit etwas reduziert. Zitrone auspressen und die Sauce mit dem Saft abschmecken.

Wenn das Hähnchenfleisch gar ist, den Couscous hinzufügen, alles gut vermischen und nochmals kräftig mit Salz und Pfeffer abschmecken. Rucola waschen und trocken schleudern. Harte Blattstiele entfernen. Den Couscous auf einer großen Platte servieren und den Rucola darübergeben.

# Pastinaken-Curry mit Korianderpesto und Joghurt

2 Bund Koriander ∴ 1–2 Knoblauchzehen ∴ 30 g Cashewkerne
Saft von 1 Limette ∴ 100–125 ml Sonnenblumenöl ∴ Salz
frisch gemahlener Pfeffer ∴ 150 g Joghurt ∴ 2 EL Milch
1 EL Zitronensaft ∴ 1 Stück Ingwer, ca. 1 cm groß ∴ 2 Stängel Minze
700 g Pastinaken ∴ 3 EL Sesamöl ∴ 2 TL rote Currypaste
750 ml Gemüsebrühe ∴ 1 Dose Kichererbsen

Koriander abbrausen, trocken tupfen und grob hacken. Knoblauch schälen und ebenfalls grob hacken. Cashewkerne, Koriander, Knoblauch und Limettensaft fein pürieren. So viel Öl zufügen, bis eine cremige Paste entsteht. Mit Salz und Pfeffer würzig abschmecken.

Joghurt mit Milch und Zitronensaft verrühren. Ingwer schälen und reiben. In den Joghurt rühren und mit etwas Salz abschmecken. Die Minze abbrausen, trocken tupfen und von den Stängeln zupfen. Fein hacken, in den Joghurt rühren und diesen kalt stellen.

Pastinaken schälen und in breite Streifen schneiden. Öl in einer Pfanne mit hohem Rand oder im Wok erhitzen, die Currypaste hinzufügen und unter Rühren für 1–2 Minuten anbraten. Dann die Pastinaken dazugeben und kurz mitbraten. Schließlich mit der Gemüsebrühe auffüllen und das Gemüse darin weich kochen. Kurz vor Ende der Kochzeit die Kichererbsen mit etwas Flüssigkeit hinzufügen. Das Curry gemeinsam mit dem Korianderpesto und dem Joghurt servieren.

# Süßes & Desserts

Süße Desserts sind Balsam für die Seele.
Wenn sie dann noch mit wärmenden Gewürzen
wie Zimt oder Ingwer zubereitet werden,
heben sie nicht nur die Stimmung,
sondern sorgen für wohlig-warme Genussmomente.

# Chai-Gewürzküchlein

Für den Chai:
1 Stück Ingwer, ca. 2 cm groß ∴ 3 Kardamomkapseln
2 Gewürznelken ∴ 1 Zimtstange ∴ 1 Vanilleschote ∴ 1 Sternanis
1 Prise frisch geriebene Muskatnuss ∴ 2 EL kräftiger schwarzer Tee
100 ml Milch ∴ 2 EL brauner Zucker
Für die Kuchen:
4 El Semmelbrösel ∴ 250 g weiche Butter +
etwas zum Einfetten ∴ 200 g Zucker ∴ 1 Pck. Vanillezucker
2 TL abgeriebene Orangenschale (unbehandelt) ∴ 4 Eier
200 g Mehl ∴ 50 g Speisestärke ∴ 2 TL Backpulver

Den Ingwer schälen und fein hacken. Alle Gewürze für den Chai mit 250 Milliliter heißem Wasser in einem Topf etwa eine Minute aufkochen. Danach den schwarzen Tee, Milch und Zucker hinzufügen und die Mischung erneut aufkochen lassen. Vom Herd nehmen, für ca. 5 Minuten bei geschlossenem Deckel ziehen lassen und schließlich durch ein feines Sieb gießen.

4 kleine Metalldosen oder Weckgläser mit etwas Butter einfetten und dünn mit je 1 Esslöffel Semmelbrösel ausstreuen. Dann die Formen kalt stellen. Die Butter cremig rühren, Zucker, Vanillezucker und Orangenschale unterrühren. Nacheinander die Eier hinzufügen. Mehl, Speisestärke und Backpulver mischen und darübersieben, ca. 125 Milliliter Chai dazugeben (es darf nicht zu flüssig werden) und zu einem Teig verarbeiten.

Die Masse so auf die Dosen verteilen, dass diese zu ⅔ gefüllt sind. Im vorgeheizten Ofen bei 180 °C (Umluft 160 °C) auf der 2. Schiene von unten 35–45 Minuten (je nach Größe der Formen) backen. Etwas abkühlen lassen, vorsichtig aus den Förmchen klopfen und noch warm servieren.

# Gebratene Quitten mit Zimt und Sternanis

4 Quitten ∴ ⅛ l Zitronensaft ∴ 250 g brauner Zucker
3 Zimtstangen ∴ 6 Sternanis ∴ Mark von 1 Vanilleschote
2 TL Zimt ∴ 150 g Crème fraîche ∴ 1 EL Orangensaft
1 EL Honig ∴ 150 ml Vanillesauce (siehe Rezept S. 45)

Quitten gründlich waschen und abbürsten (den braunen Flaum vollständig entfernen), dann vierteln. Den Zitronensaft in eine flache Backform gießen. Die Quitten zugeben und so lange darin wenden, bis sie von allen Seiten mit Zitronensaft überzogen sind. So wird das Obst nicht braun.

150 g Zucker mit den Zimtstangen, dem Sternanis und 250 Millilitern Wasser in einen Topf geben. Bei starker Hitze zum Kochen bringen und rühren, bis sich der Zucker aufgelöst hat. Die Quitten mitsamt dem Zitronensaft, dem Vanillemark und dem Zimt zufügen und zugedeckt bei geringer Hitze 20–25 Minuten köcheln, bis die Quitten fast weich sind. Je nach Größe der Quitten kann das auch länger dauern.

Den Backofen auf 230 °C vorheizen. Die Quitten mit der Anschnittseite nach oben in eine mittelgroße Backform legen und mit dem Sirup übergießen. Mit dem restlichen Zucker bestreuen und im Ofen für 5–8 Minuten backen, bis der Zucker karamellisiert und die Früchte gebräunt und sehr weich sind.

Crème fraîche mit Orangensaft und Honig verrühren. Dann gemeinsam mit der Vanillesauce zu den Quitten servieren.

# Schoko-Bananen-Cupcakes

125 g Zucker ∴ 1 Pck. Vanillezucker
2 große Eier ∴ 275 g weiche Butter
150 g Mehl ∴ 5 EL Kakao
2 gestr. TL Backpulver ∴ ½ TL Zimt
1 Prise Salz ∴ 2 reife Bananen
150 ml Milch ∴ 300 g Puderzucker
12 Bananenchips ∴ 6 EL Schokoblättchen

Ofen auf 160 °C vorheizen. Zucker mit Vanillezucker, Eiern und 125 g Butter zu einer schaumigen Creme aufschlagen. Mehl mit 2 Esslöffeln Kakao, Backpulver, Zimt und Salz mischen und über die Creme sieben. Vorsichtig unterheben und gut verrühren. Die Bananen klein schneiden und mit einer Gabel zerdrücken. Das Bananenmus in die Masse rühren. So viel Milch zufügen, bis ein zähflüssiger Teig entsteht.

Teig in die Mulden eines gefetteten Muffinblechs geben oder in 12 Papierförmchen füllen. Für 20–25 Minuten backen. Etwas auskühlen lassen.

Puderzucker mit dem übrig gebliebenen Kakao und der restlichen Butter verrühren. Milch nach und nach zugeben, bis eine weiche Creme entsteht. Spritzbeutel mit der Creme füllen, die Cupcakes damit verzieren und jeweils mit einem Bananenchip und den Schokoblättchen garnieren.

# Marzipan-Bratäpfel mit Vanillesauce

2 EL Rosinen ⁘ 3 EL Rum ⁘ 4 Äpfel ⁘ 100 g Marzipanrohmasse
½ TL Zimt + etwas zum Bestäuben ⁘ 2 EL Walnüsse
2 EL Mandeln ⁘ 20 g Butter ⁘ 1 Vanilleschote
½ l Milch ⁘ 5 Eigelb ⁘ 100 g Zucker

Rosinen in den Rum einlegen und für mind. 1 Stunde ziehen lassen. Äpfel gründlich waschen, trocken tupfen, oben einen Deckel abschneiden, diesen beiseitelegen und das Kerngehäuse vorsichtig entfernen. Dabei aufpassen, dass der Boden unversehrt bleibt, damit später die Füllung nicht ausläuft. Marzipan würfeln, Zimt hineinkneten. Walnüsse und Mandeln grob hacken, unter die Marzipanmasse mischen. Dann die Äpfel in eine Auflaufform setzen, die Rosinen gleichmäßig auf die 4 Äpfel verteilen und mit der Marzipan-Nuss-Mischung füllen. Kleine Butterflöckchen daraufsetzen. Im vorgeheizten Ofen bei 175 °C für 20 Minuten backen. Dann den Deckel aufsetzen und nochmals 5–10 Minuten braten, bis die Äpfel schön weich sind. Vor dem Servieren mit etwas Zimt bestäuben.

Für die Sauce die Vanilleschote aufschneiden und das Mark herausschaben. Schote sowie Mark mit der Milch einmal kurz aufkochen, dann 5 Minuten ziehen lassen. Die Vanilleschote entfernen. Eigelbe mit dem Zucker schaumig aufschlagen. Dann die heiße Vanillemilch in die Eigelbmasse einrühren, diese wieder in den Topf zurückgeben und so lange unter Rühren sanft köcheln lassen, bis die Sauce dickflüssiger wird. Etwas abkühlen lassen und lauwarm zu den Bratäpfeln reichen.

# Birnentarte mit Mandeln

Für den Teig:
250 g Mehl ∴ 125 g Butter + etwas Butter für die Form
2 EL Puderzucker ∴ 1 Prise Salz ∴ 1 Ei
getrocknete Hülsenfrüchte zum Blindbacken
Für den Belag:
7 kleine, sehr reife Birnen ∴ 3 EL Zitronensaft ∴ 100 g Zucker
½ TL Zimt ∴ 1 Pck. Vanillezucker ∴ 3 Eier
1 Schuss Mineralwasser ∴ 190 g gemahlene Mandeln
110 g weiche Butter ∴ 2 TL Kakaopulver ∴ 100 g Mandeln

Für den Mürbeteig das Mehl mit Butter, Puderzucker, Salz sowie dem Ei vermischen und alles rasch zu einem festen Teig verkneten. Für 30 Minuten kühl stellen. Dann den Ofen auf 180 °C vorheizen. Eine Tarteform (Ø 26 cm) mit Butter einfetten. Den gekühlten Teig ausrollen (Ø 28 cm), die Form damit auskleiden, erst Backpapier und dann die getrockneten Hülsenfrüchte daraufgeben und 20 Minuten im Ofen blindbacken.

In der Zwischenzeit die Birnen schälen, von unten aufschneiden und vorsichtig das Kerngehäuse entfernen, den Stängel oben aber unversehrt lassen. Mit etwas Zitronensaft beträufeln. Zucker mit Zimt und Vanillezucker vermischen. Die Eier gründlich verquirlen und einen Schuss Mineralwasser zugeben. Mandeln, Butter, Kakao und Zimt-Vanille-Zucker verrühren und auf der Tarte verteilen. Die Birnen in gleichmäßigem Abstand hineinsetzen. Wieder in den Ofen geben und für weitere 20 Minuten backen, bis die Birnen weich sind. Die grob gehackten Mandeln und über die Tarte streuen.

# Schokoladensuppe mit Mandelkrokant

100 g Zartbitterschokolade ∴ 100 g Vollmilchschokolade
250 g Sahne ∴ ¼ l Milch ∴ 1 Eigelb ∴ ggf. 1 TL Speisestärke
100 g Mandeln ∴ 200 g Zucker
1 EL Zitronensaft ∴ Abrieb von ½ Bio-Orange

Die Schokolade grob hacken. Sahne und Milch erhitzen, die Schokolade darin auflösen und unter ständigem Rühren leise köcheln lassen. Etwas Suppe in eine Tasse geben, das Eigelb hineinrühren und gut verquirlen, zurück zur Suppe geben, die jetzt etwas andickt. Sollte sie noch nicht dickflüssig genug sein, noch 1 Teelöffel Speisestärke (mit etwas Milch angerührt) zufügen.

Die Mandeln grob hacken. In einer kleinen Kasserolle den Zucker mit dem Zitronensaft und dem Orangenabrieb vermischen und unter Rühren langsam schmelzen. Dann die Mandeln einrühren, gut mit dem Zucker vermengen und karamellisieren lassen. So lange rühren, bis der Krokant eine intensiv goldene, aber nicht zu dunkle Farbe angenommen hat (ist er zu dunkel, wird er bitter). Nun auf ein mit Backpapier ausgelegtes Blech streichen und erkalten lassen. Dann in kleinere Stücke brechen und zur Suppe servieren.

Tipp: Für eine ganz besondere Note einige Chiliflocken in die heiße Schokolade rühren. Alternativ kann man natürlich auch weiße Schokolade verwenden.

# Haselnuss-Muffins mit Schokobuttercreme

Für den Teig:
140 g weiche Butter + etwas Butter zum Einfetten
2 Eier ∴ 200 g Zucker ∴ 1 Pck. Vanillezucker
120 ml Milch ∴ 1 Schuss Rum
230 g Mehl ∴ ½ Pck. Backpulver
1 Prise Salz ∴ 75 g gemahlene Haselnüsse
Für das Topping:
200 g Sahne ∴ 100 g Vollmilchschokolade ∴ 100 g weiße Schokolade
40 g Butter ∴ Haselnüsse zum Garnieren

Den Backofen auf 180 °C vorheizen. Butter in einem Topf zerlassen und zum Abkühlen beiseitestellen. Zunächst die Eier mit dem Zucker und Vanillezucker schaumig aufschlagen, dann Milch, Rum und Butter unterrühren. Mehl mit Backpulver und Salz vermischen und über die Masse sieben. Die Haselnüsse hinzufügen und alles rasch zu einem geschmeidigen Teig verrühren. Nun in die eingefetteten Mulden eines Muffinblechs oder in 12 Papierförmchen füllen und etwa 15 Minuten hellgelb backen. Dann abkühlen lassen.

Für die Schokocremes die Sahne steif schlagen. Jede Schokoladensorte getrennt über dem heißen Wasserbad schmelzen, jeweils die Hälfte der Butter hineinrühren und gut zu einer geschmeidigen Creme verrühren. Vom Herd nehmen und abkühlen lassen. Zum Schluss die Sahne jeweils zur Hälfte unter die Cremes heben.

Nun je 6 Muffins mit heller und 6 Muffins mit dunkler Schokosahne dekorieren und zum Abschluss einige Haselnüsse darüberstreuen.

# Getränke

Wenn es draußen ungemütlich wird, der Abend schon am Nachmittag hereinbricht und ein Spaziergang in der Kälte die Wangen rot färbt und die Füße kalt werden lässt, dann ist ein heißes, dampfendes Getränk genau das Richtige.

# Teepunsch mit Ingwer und Sternanis

1 l Wasser ∴ 2–3 EL schwarzer Tee ∴ 2 Bio-Zitronen
brauner Zucker nach Belieben ∴ 1 Stück Ingwer, ca. 2 cm lang
1 Sternanis + 4 Sternanis zum Servieren
1 Zimtstange ∴ 100 ml Arrak

Das Wasser zum Kochen bringen, den Tee in eine Kanne füllen und mit dem kochenden Wasser übergießen. Für einige Minuten ziehen, aber nicht zu dunkel werden lassen. Den Tee in einen Topf abseihen. Eine Zitrone heiß abwaschen und trocken tupfen, in dünne Scheiben schneiden. Saft der anderen Zitrone auspressen. Den Ingwer schälen und ebenfalls in dünne Scheiben schneiden.

Zitronenscheiben und -saft sowie Zucker nach Belieben und Gewürze zum Tee geben und für 10 Minuten ziehen, aber nicht kochen lassen. Dann den Arrak hineingeben und kurz ruhen lassen.

Den Punsch auf die Gläser verteilen, in jedes Glas mindestens eine Zitronenscheibe geben und zum Abschluss noch jeweils ein Sternanis zufügen.

Tipp: Statt Zucker können Sie den Teepunsch auch mit Honig süßen, dazu am besten einen kräftigen Honig, z. B. Wald- oder Kastanienhonig, verwenden. Wenn Sie keinen Arrak bekommen, nehmen Sie weißen Rum. Natürlich schmeckt der Teepunsch auch ganz ohne Alkohol.

# Glühwein mit Nelken-Orange

1 l Rotwein ∵ Saft von 2 Orangen
1 Vanilleschote ∵ 2 Zimtstangen
10 Nelken + 20 Nelken zum Spicken ∵ 10 Pimentkörner
2 Sternanis ∵ Kandiszucker nach Belieben
2 Bio-Orangen ∵ 1 Bio-Zitrone

Rotwein und Orangensaft in einen Topf geben, die Vanilleschote aufritzen und mit den übrigen Gewürzen langsam erhitzen, aber nicht zum Kochen bringen. Eine Orange sowie die Zitrone in dünne Scheiben schneiden, die andere Orange vierteln. Die Orangen- und Zitronenscheiben sowie den Kandis nach Belieben zum Rotwein geben, so lange weiter ziehen lassen, bis der Kandis sich vollständig aufgelöst hat. Die Orangenviertel jeweils mit je 5 Nelken spicken. Den Glühwein auf die Gläser verteilen und jeweils eine Nelken-Orange darüberlegen.

Tipp: Für einen „Glühwein mit Schuss" 100 Milliliter Rum oder ⅛ Milliliter Orangenlikör (z. B. Cointreau) kurz vor dem Servieren hinzufügen.

# Heiße Milch mit Rum und Zimt

1 l Milch ∴ 5–6 EL Honig
1 TL Zimt + ein wenig Zimt zum Bestreuen
1 Vanilleschote ∴ 80 ml Rum
4 kleine Zimtstangen

Die Milch langsam erwärmen. Wenn sie heiß geworden ist, den Honig einrühren und das Zimtpulver hinzufügen, gut verrühren, damit sich der Zimt mit der Milch verbinden kann. Die Vanilleschote längs aufritzen, das Mark auskratzen und hinzugeben, auf kleiner Flamme 5 Minuten ziehen lassen. Zum Schluss den Rum zugießen, nochmals kurz ziehen lassen und die Milch auf die Tassen verteilen. Je eine Zimtstange auflegen, ein wenig Zimt darüberstreuen und sofort heiß servieren.

Tipp: Dieses Rezept funktioniert natürlich auch als heiße Schokolade. Dazu 2 Esslöffel Kakaopulver und 2 Esslöffel Zucker in die heiße Milch einrühren und so lange weiterrühren, bis sich beides gut aufgelöst hat. Dann Zimt und Vanille und schließlich je nach Geschmack den Rum hinzufügen, kurz auf der warmen Herdplatte ziehen lassen und servieren.

# Apfelpunsch mit Zimtstangen

300 ml klarer Apfelsaft ⁘ 100 ml weißer Portwein
200 ml Apfelwein ⁘ 1 Stück Ingwer, ca. 2 cm lang
1 Zimtstange + 4 Zimtstangen zum Servieren
2 Nelken ⁘ 1 Sternanis
1 Apfel ⁘ 1 Schuss Calvados

Den Apfelsaft mit dem Portwein und dem Apfelwein in einen Topf geben. Ingwer schälen, in mehrere Stücke schneiden und mit den übrigen Gewürzen hinzufügen, die Flüssigkeit einmal kurz aufkochen lassen, dann die Hitze reduzieren und bei geringer Temperatur für 20–30 Minuten ziehen lassen. Den Apfel gut waschen, trocken tupfen und in dünne Scheiben schneiden.

Die Gewürze aus dem Topf nehmen, den Calvados zugießen und den Punsch eventuell noch einmal kurz erhitzen. In jedes Glas eine Zimtstange und 1–2 Apfelscheiben geben, dann den heißen Punsch darübergießen.

Tipp: Für einen alkoholfreien Punsch nur Apfelsaft oder zu gleichen Teilen Apfel- und Orangensaft verwenden.

# Register

5 4 3 2 1   17 16 15 14 13
ISBN 978-3-88117-911-9

Fotos © StockFood GmbH,
außer Umschlagfoto vorne oben,
Umschlagfoto hinten mittig
sowie Fotos innen auf S. 2, S. 8, S. 22, S. 36
und S. 52: www.shutterstock.com,
außer Umschlagfoto hinten rechts
sowie Foto innen auf S. 34 © Oliver Brachat,
BFF, www.oliverbrachat.com
Redaktion: Lisa Frischemeier
Gestaltung und Satz: Stefanie Bartsch

Hafenweg 30, 48155 Münster, Germany

Printed in Slovakia

www.hoelker-verlag.de